L 27 n
20542

L^{27}n 20542.

NOTICE HISTORIQUE

SUR

LA VIE ET LES OUVRAGES

DE M. DE VILLOISON,

Membre de la Classe d'histoire et de littérature
ancienne de l'Institut national;

Par M. DACIER,

Secrétaire perpétuel de la Classe.

Lue dans la séance publique du vendredi 11 Avril 1806.

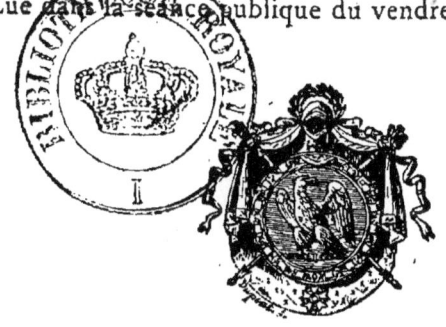

A PARIS,
DE L'IMPRIMERIE IMPÉRIALE.

1806.

NOTICE HISTORIQUE

SUR LA VIE ET LES OUVRAGES

DE M. DE VILLOISON.

JEAN-BAPTISTE-GASPAR D'ANSSE DE VILLOISON, membre de l'Institut, de la Légion d'honneur, des Académies de Berlin, Madrid, Gottingue, et de presque toutes les Académies et Sociétés savantes de l'Europe, naquit à Corbeil-sur-Seine le 5 mars 1750. Sa famille étoit originaire d'Espagne. Miguel de Ansso, le premier qui s'établit en France, y vint en 1615, à la suite d'Anne d'Autriche, au service de laquelle il étoit attaché, et obtint des lettres de naturalisation et de confirmation de son ancienne noblesse. Son fils (Jean) lui fut adjoint et lui succéda. Ses petits-fils embrassèrent la profession des armes : l'un d'eux (Pierre), capitaine de dragons, fut tué à la bataille d'Hochstett (en 1703); l'autre (Jean) succéda au célèbre marquis de l'Hôpital dans la charge de capitaine-lieutenant de la compagnie colonelle du Mestre-de-camp général, et fut fait prisonnier à la bataille de Fleurs (en 1690). C'est l'aïeul de M. de Villoison. Son père (Jean-Baptiste) fut élevé page de la grande écurie du Roi, entra dans les mousquetaires, y resta le temps nécessaire pour acquérir la croix de Saint-Louis, et bientôt après quitta entièrement le service.

M. de Villoison commença très-jeune ses études au collége de Lisieux, et passa ensuite à celui du Plessis. Il se distingua dans ces deux écoles par une application soutenue et par un goût très-décidé pour les langues anciennes, et sur-tout pour la langue Grecque. Ce goût s'accroissant, à mesure qu'il s'y livroit, au point d'être devenu une passion exclusive, il quitta le collége du Plessis pour entrer à celui des Grassins, afin de pouvoir suivre avec plus d'assiduité les leçons de grec qu'y donnoit alors le savant M. le Beau, et qui y attiroient un grand nombre d'élèves. Formé et encouragé par un tel maître, s'il eut encore des rivaux pour les compositions Latines et Françoises, il n'en connut bientôt plus pour les compositions Grecques.

Dans les concours ouverts chaque année par l'Université, il obtenoit toutes les couronnes destinées aux plus habiles dans la langue d'Homère : il ne lui en échappa qu'une seule, et il la perdit pour avoir trop bien fait. On avoit proposé la traduction Françoise d'un passage assez difficile d'un auteur Grec : M. de Villoison surmonta sans peine les difficultés, et traduisit en maître ; mais les maîtres jugèrent en écoliers : ils prirent pour guide une version Latine défectueuse, dont, soit par inattention, soit par ignorance, ils n'aperçurent pas les défauts ; et remarquant que celle de M. de Villoison en différoit essentiellement, ils crurent qu'il avoit mal entendu le passage, et lui refusèrent le prix qu'il avoit mérité. Une pareille défaite est un véritable triomphe.

Les progrès de M. de Villoison étoient si prodigieux et si rapides, qu'en peu de temps les leçons de M. le Beau, qui étoit obligé de les proportionner à la capacité du plus grand nombre de ses disciples, lui devinrent inutiles, et ne pouvoient plus rien lui apprendre. Il prit le parti d'aller se placer parmi les auditeurs de M. Capperonnier, qui professoit le grec avec beaucoup de réputation au Collége royal de France, et dont les leçons, plus fortes et plus élevées, l'eurent bientôt mis en état de n'avoir plus besoin d'autre maître que l'étude.

M. de Villoison étoit parvenu à ce degré d'instruction que les hommes les plus studieux s'estimeroient heureux d'avoir atteint au milieu de leur carrière, et il avoit à peine quinze ans. A quinze ans, il avoit lu presque tous les écrivains de l'antiquité, poëtes, orateurs, historiens, philosophes, grammairiens, &c. Dire qu'il les avoit lus, c'est dire qu'il les savoit par cœur, ainsi que les commentaires, les gloses, les notes, les scholies. Sa mémoire, à-la-fois facile et tenace, retenoit sans effort tout ce qu'il lui confioit, et le retenoit pour ne jamais l'oublier. Doué de cette faculté inappréciable pour quiconque veut s'instruire, et qui s'accroissoit sans cesse par l'usage continuel que le besoin impérieux de savoir dont il étoit tourmenté le forçoit à en faire, il n'est pas étonnant que, dans l'adolescence, il ait déjà été compté parmi les plus savans hellénistes de l'Europe.

Dans cette partie importante et peut-être trop peu appréciée de la littérature, je veux dire la connoissance approfondie de la plus belle langue qu'aient parlée les hommes, et dans laquelle le plus de chefs-d'œuvre nous ont été transmis, les premiers rangs appartiennent à ces doctes critiques qui en multiplient les copies, les purgent des fautes dont le temps et l'ignorance les avoient défigurés, en aplanissent les difficultés et nous en facilitent l'usage. M. de Villoison, dès son début, ambitionna ces premiers honneurs. Familiarisé avec les ouvrages imprimés, dont il s'étoit approprié toutes les richesses, il en chercha de nouvelles dans les manuscrits. Ayant trouvé dans la bibliothèque de Saint-Germain-des-Prés un recueil de lexiques Grecs inédits, celui d'Apollonius sur Homère attira et fixa toute son attention. Il forma le projet de le publier ; et il le fit paroître en effet en 1773, précédé d'amples prolégomènes, et accompagné d'une multitude de notes et d'observations dont l'érudition vaste et profonde, extrêmement rare, même dans les hommes laborieux qui ont vieilli dans l'étude, tient presque du prodige dans un jeune homme de vingt-deux ans.

Tout annonçoit en lui un digne successeur

des Casaubon, des Saumaise, et de ces savans et infatigables critiques dont le travail, les lumières et la sagacité ont, pour ainsi dire, rendu la vie aux grands écrivains de l'antiquité et à l'antiquité toute entière. L'Académie des inscriptions et belles-lettres, à laquelle M. de Villoison avoit soumis son travail avant l'impression, avoit accueilli l'auteur avec une sorte d'enthousiasme, et s'étoit empressée de l'admettre parmi ses membres dès l'année précédente, après avoir elle-même sollicité et obtenu pour lui une dispense d'âge, sans laquelle il ne pouvoit être élu, et dont les motifs, extrêmement honorables, sont, « qu'ayant prévenu l'âge » des connoissances profondes, il est juste qu'il » en recueille les avantages plutôt que les autres » hommes, et qu'il les devance dans la carrière » des honneurs, comme il les a devancés dans » celle du savoir. »

Cette distinction, unique dans les fastes de l'Académie, fut applaudie universellement : tous les journaux retentirent des louanges du jeune académicien, et des espérances flatteuses que donnoit sa première production. Ce succès éclatant l'enflamma d'une nouvelle ardeur; il redoubla d'efforts pour soutenir et accroître la grande et précoce renommée qui environnoit son berceau littéraire ; il ne négligea rien de ce qui pouvoit y contribuer. Aux moyens lents, difficiles et douteux de la publication d'ouvrages de quelque étendue, il joignit le moyen plus prompt, plus facile et plus sûr de la correspondance épistolaire : il se mit en relation avec la plupart des savans François et étrangers ; il les consultoit, et répondoit à leurs consultations ; il leur présentoit des difficultés qu'il croyoit n'avoir pas été encore aperçues, et en donnoit la solution ; il leur communiquoit des observations et des remarques intéressantes pour les ouvrages dont il savoit qu'ils s'occupoient : et la reconnoissance le faisoit citer avec éloge dans ces ouvrages ; on imprimoit ses lettres dans les journaux ; les Académies se l'associoient à l'envi ; son nom se répandoit de plus en plus ; son opinion acquéroit chaque jour plus de poids, et ne tarda pas à devenir une autorité imposante pour tout ce qui concerne la langue Grecque.

Il est bon de remarquer que cette correspondance, par laquelle il a peut-être servi aussi utilement les lettres que par ses ouvrages, et qui auroit souvent exigé presque tous les momens d'un savant dont la mémoire eût été moins fidèle et moins sûre, ne le détournoit jamais de ses études ordinaires; il ne lui donnoit que le temps destiné à ses loisirs ou à son repos. S'il prodiguoit d'un côté ses richesses, de l'autre il vouloit les remplacer avec usure, pour pouvoir en répandre encore, sans craindre d'en tarir la source. On sent bien qu'avec ce caractère expansif, il ne dut pas en être avare pour l'Académie, qui l'avoit adopté: mais il ne tarda pas à reconnoître qu'il falloit en user avec ordre et une sorte d'économie pour obtenir ses suffrages, et que cette compagnie, composée d'hommes très-érudits dans différens genres, ne mettoit néanmoins de prix véritable à l'érudition qu'autant qu'elle étoit utile; qu'elle ne la regardoit que comme un instrument nécessaire, et qu'elle réservoit sa principale estime pour l'usage que le jugement et le goût savoient en faire. Cette découverte ralentit sensiblement l'ardeur académique de M. de Villoison, dont la tournure d'esprit et les opinions en matière d'érudition ne s'accordoient pas parfaitement avec les principes de l'Académie. Après avoir lu quelques mémoires qui n'obtinrent point l'accueil qu'il croyoit leur être dû, et voyant qu'on les avoit dépouillés d'une partie de la pompe savante dont sa mémoire les avoit ornés, pour les reléguer modestement, par extrait, dans l'Histoire littéraire, il laissa écouler plusieurs années sans lui en soumettre d'autres, et consacra tout son temps à préparer une édition de la Pastorale de Longus, qu'Amyot a fait passer si heureusement dans notre langue avec toute la naïveté et toutes les grâces qu'on admire dans l'original.

M. de Villoison répandit à grands flots l'érudition sur ce charmant ouvrage : non content d'y joindre les notes nécessaires pour éclaircir le texte, il recueillit les passages des auteurs Grecs plus anciens dont Longus lui paroissoit avoir emprunté quelques tours de phrase, quelques locutions, quelques expressions même; il les rapprocha des passages correspondans de cet auteur, avec lesquels il les compara, pour faire mieux ressortir l'imitation; et ce travail produisit une telle masse d'observations et de remarques, qui supposent toutes une connoissance profonde de la grammaire, que Longus, fait pour être un petit livre de poche, auroit formé un énorme livre de bibliothèque, si un des confrères de M. de Villoison, qui aimoit Longus et l'éditeur, et que l'Académie avoit chargé d'examiner l'ouvrage avant l'impression, ne fût parvenu à lui en faire retrancher la moitié. On pourroit peut-être en retrancher encore la moitié sans faire aucun tort à Longus, et sans diminuer le mérite de l'édition. Quoiqu'elle eût été assez bien accueillie lorsqu'elle parut en 1778, et qu'on ne pût lui reprocher qu'une trop grande surabondance d'érudition, reproche qui ne portoit aucune atteinte à la réputation que M. de Villoison ambitionnoit, il ne fut cependant pas pleinement satisfait du succès, et crut avec raison qu'il travailleroit plus utilement pour les lettres et pour sa gloire, s'il pouvoit découvrir et faire connoître quelque bon ouvrage qui n'eût point encore été publié. Il avoit examiné inutilement, dans cette intention, les bibliothèques de la France, et il forma le projet d'aller à Venise visiter la bibliothèque de Saint-Marc, à laquelle il savoit que le cardinal Bessarion, l'un des premiers Grecs qui vinrent rallumer en Occident le flambeau des lettres, avoit légué ses nombreux manuscrits. Il partit en 1781, avec l'agrément du Roi, qui voulut que le Gouvernement fournît aux dépenses du voyage et du séjour, dont on ne fixa point la durée.

Les recherches de M. de Villoison ne furent pas infructueuses; il ne tarda pas à découvrir plusieurs ouvrages de rhéteurs, de philosophes, et sur-tout de grammairiens, qui n'étoient point encore connus, et qu'il jugea dignes de l'être. Il résolut aussitôt de publier une partie de ces pièces en entier ou par extrait, et il en forma un recueil qu'il fit imprimer dès la même année, en deux volumes *in-4.°*, sous le titre d'*Anecdota Græca*. Le premier renferme l'*Ionie*, ou Mélanges composés par l'impératrice Eudocie, qui aimoit passionnément la philosophie et les lettres, auxquelles elle devoit sa fortune; qui avoit été élevée par un père philosophe, et qui néanmoins usurpa le trône sur ses propres enfans, et s'en fit précipiter par son avarice. Séduit, sans doute, par la réputation littéraire de cette princesse, par la beauté du manuscrit, qui existe maintenant à la Bibliothèque impériale, et par l'éloge qu'avoient fait de l'*Ionie* des écrivains qui vraisemblablement ne l'avoient pas lue, M. de Villoison ne consulta point sa mémoire, et s'aperçut trop tard que cet ouvrage vanté ne contenoit à-peu-près rien qui ne nous eût été transmis par de plus anciens compilateurs, et ne pouvoit presque rien ajouter aux connoissances acquises. Pour en dédommager les lecteurs instruits, il donna, dans le second volume, quelques opuscules de Jamblique, de Porphyre, de Procope de Gaza, de Choricius, de Diomède, d'Hérodien le grammairien, &c., avec un grand nombre de scholies anciennes, de passages, de fragmens qui n'avoient point encore été recueillis, et une multitude de notes bibliographiques, grammaticales, paléographiques, qui ajoutent un prix infini aux morceaux qu'il publia.

Cette partie de son ouvrage méritera long-temps d'être consultée; elle auroit même pu être lue avec quelque intérêt, si l'auteur avoit mis autant de soin à choisir et à disposer ses matériaux, qu'il en avoit mis à les chercher et à les réunir. On peut, au reste, attribuer une partie des imperfections qu'on remarque dans ce recueil de M. de Villoison, à l'extrême préoccupation que lui causa une découverte d'une tout autre importance, qu'il fit pendant qu'il y travailloit. Il trouva dans la même bibliothèque de Saint-Marc un manuscrit d'Homère, qu'il jugea être du Xe siècle, et conséquemment antérieur de deux siècles au scholiaste Eustathe, et qui pouvoit avoir été transcrit sur un manuscrit beaucoup plus ancien. Ce manuscrit précieux, et que personne ne paroît avoir examiné jusqu'alors, contenoit l'Iliade entière, accompagnée d'une immensité de scholies, qu'il auroit voulu pouvoir lire toutes à-la-fois. Mais ce qui le frappa davantage au premier aspect, ce fut de voir les marges chargées d'astérisques, d'obèles, et de tous les différens sigles par lesquels les anciens grammairiens désignoient les vers d'Homère qu'ils croyoient supposés, altérés ou transposés, et ceux dont l'authenticité étoit universellement reconnue. Il s'assura que ces différens signes étoient le résultat, non-seulement des observations des plus habiles critiques, mais de la comparaison des anciennes éditions d'Homère, publiées à Massilie, à Chio, en Cypre, en Crète, à Sinope, à Argos, et dont les meilleures étoient indiquées à la marge du manuscrit. Il éprouva de nouveaux transports de joie, en reconnoissant que les scholies étoient un abrégé de celles de Zénodote, d'Aristophane, d'Aristarque, de Cratès Mallotès, de Ptolémée d'Ascalon, et de plusieurs autres grammairiens célèbres qui ont consacré leurs veilles à épurer le texte d'Homère; qu'elles offroient l'histoire critique de ce texte, la plus complète et la plus intéressante qui nous soit parvenue; qu'elles contenoient des citations d'un assez grand nombre d'ouvrages perdus, et fournissoient une foule d'éclaircissemens sur les usages, les mœurs, la mythologie, la géographie, quoique les discussions grammaticales en soient le principal objet. Il s'empressa d'annoncer sa découverte à l'Europe savante, et réussit à communiquer, même aux ames les plus froides et aux têtes les moins susceptibles d'exaltation, une partie de l'enthousiasme dont il étoit saisi. Les grandes espérances qu'il avoit données, n'ont point été vaines; elles ont été pleinement justifiées par la publication de l'ouvrage, qui parut en 1788, accompagné de doctes préliminaires, remplis d'observations souvent neuves et curieuses, et presque toujours nécessaires, et dans lesquelles l'érudition la plus variée et la plus profonde ne laisse aucune obscurité sans éclaircissement, et aucune difficulté sans solution.

Cette précieuse édition de l'Iliade, dont aucune des éditions antérieures ne peut tenir lieu, et qu'on doit regarder comme un des plus beaux présens que l'érudition ait faits aux lettres dans le dernier siècle, assure à M. de Villoison des droits éternels à leur reconnoissance : aussi les savans de tous les pays s'empressèrent-ils à l'envi de le combler d'applaudissemens et d'éloges, et aucune voix ne vint troubler ce concert unanime de louanges aussi flatteuses que bien méritées. La satisfaction que dut causer à M. de Villoison cet éclatant succès, ne fut cependant pas long-temps pure et sans mélange : il ne put voir, sans ressentir une véritable peine, l'esprit de système abuser de ses découvertes pour attenter à la gloire du père de la poésie, et se prévaloir des signes critiques apposés à un grand nombre de vers de l'Iliade, pour oser avancer qu'une partie de ce poëme, et même des chants entiers, étoient l'ouvrage des anciens rhapsodes et des premiers éditeurs, et que l'Iliade et l'Odyssée, composées d'environ trente mille vers, ne nous étoient parvenues que par la tradition orale, et n'avoient été écrites que plusieurs siècles après le siècle d'Homère. M. de Villoison ne pouvoit entendre parler de sang-froid de cet audacieux et absurde système : l'idée qu'il avoit fourni, sans le vouloir, les bases sur lesquelles on l'avoit construit, et les armes avec lesquelles on prétendoit le défendre, l'affligeoit au point qu'il se repentoit presque d'avoir publié son ouvrage. Plus d'une fois il fut tenté de combattre cette impiété littéraire : mais il fut retenu par la crainte de lui donner plus d'importance, et de la propager en s'efforçant de la détruire; et il pensa avec raison qu'il valoit mieux laisser le soin de la gloire d'Homère à l'admiration des siècles passés et des siècles à venir.

L'impression de l'Iliade étoit très-peu avancée, lorsque M. de Villoison, cédant aux invitations du duc et de la duchesse de Saxe-Weimar, qui l'honoroient d'une estime particulière, quitta Venise, et se rendit dans leur capitale. Arrivé à Weimar, il n'imagina pas de meilleur moyen de faire sa cour aux illustres hôtes qui l'avoient appelé auprès d'eux, que de composer un recueil de variantes et de corrections du texte de différens auteurs Grecs, en forme de lettres adressées à différens personnages célèbres.

Il étoit tout naturel que l'ouvrage du savant helléniste parût sous les auspices du prince qui lui témoignoit tant de bienveillance; mais on fut un peu étonné de voir, dans le XVIIIe siècle, un François adresser, comme un hommage flatteur, à une jeune princesse qui ne se piquoit pas de savoir le latin, et moins encore le grec, une longue épître Latine, remplie de textes, de citations, de discussions critiques, et consacrée toute entière à l'examen des Dionysiaques de Nonnus, dont l'objet ne lui étoit pas moins étranger que la langue. Ce recueil fut imprimé à Zurich en 1783, sous le titre d'*Epistolæ Vinarienses*.

A l'étude des écrivains profanes M. de Villoison avoit joint, par intervalles, celle des livres saints; il avoit appris l'hébreu, et il savoit tout ce qui a été écrit dans la langue de Moïse. Ayant trouvé dans la bibliothèque de Saint-Marc une version Grecque, très-littérale, d'une partie de l'Ancien Testament, faite par un Juif dans le IXe siècle, il travailla, pendant son séjour à Weimar, à la mettre en état d'être publiée; et lorsqu'il revint en France en 1784, il s'arrêta à Strasbourg le temps nécessaire pour la faire imprimer sous ses yeux. Les notes qu'il y joignit, sont presque toujours courtes, substantielles et utiles ; et la préface qu'il mit à la tête, est à-la-fois savante, instructive et judicieuse, et n'excède point une juste étendue. Il annonce, à la fin de cette préface, son départ prochain pour la Grèce, dont le Gouvernement venoit de l'autoriser à faire le voyage. A peine, en effet, fut-il de retour à Paris, qu'il eut le courage de s'arracher une seconde fois des bras d'une jeune femme intéressante et vertueuse (Mlle Caroline de Neukart), qu'il avoit épousée peu de temps avant son voyage à Venise, pour aller parcourir ces contrées fameuses que la barbarie a rendues désertes, et qu'après tant de siècles de ravage et de destruction les amis de l'antiquité et des arts ne cessent encore de visiter avec une sorte de respect religieux, pour en admirer les ruines et y chercher des souvenirs et des leçons.

M. de Villoison se proposoit, pour but principal de son entreprise, de découvrir, dans les monastères, des ouvrages inconnus, ou du moins des fragmens d'ouvrages de quelques auteurs anciens. Il se flattoit sur-tout de retrouver quelque partie des extraits que l'empereur Constantin Porphyrogénète avoit fait faire de ces ouvrages, et de n'être pas moins heureux que l'avoit été dans le XVII.e siècle l'illustre Peiresc, qui avoit acquis deux livres de cette collection, sur cinquante dont elle étoit composée, et dont il paroît que plusieurs autres existoient encore à cette époque : mais M. de Villoison n'avoit pas assez réfléchi sur les pertes que l'ignorance et la barbarie peuvent causer dans un jour, et, à plus forte raison, dans l'espace de près de deux siècles. Il étoit encore animé par l'espoir de découvrir des inscriptions antiques, négligées par les voyageurs qui l'avoient précédé, ou échappées à leurs recherches, et par le desir de se rendre familier l'idiome des Grecs modernes, dont l'étude peut n'être pas entièrement inutile à l'homme qui veut recueillir jusqu'aux moindres débris de la langue d'Homère, et d'acquérir la connoissance de leurs mœurs et de leurs usages; connoissance souvent nécessaire pour l'intelligence parfaite des auteurs anciens, parce qu'un peuple se ressemble toujours à lui-même, sous une infinité de rapports, malgré les siècles, les révolutions et les changemens multipliés de ses institutions et de son gouvernement.

Jamais voyage ne fut entrepris sous des auspices plus favorables. M. de Villoison partoit avec l'ambassadeur de France à la Porte-Ottomane; et cet ambassadeur étoit M. de Choiseul-Gouffier, son confrère à l'Académie des belles-lettres, qui retournoit, revêtu d'un grand caractère public, dans ces mêmes contrées qu'il avoit déjà parcourues en savant, et où il avoit rassemblé les matériaux précieux du bel ouvrage dont il a donné le premier volume, et dont la suite, vivement desirée, se fait attendre depuis trop long-temps. Arrivé à Constantinople en 1785, M. de Villoison fut bientôt rassasié de l'aspect d'une ville et d'un pays qui offrent, à la vérité, le plus beau site de l'univers, mais où il ne pouvoit rien trouver de relatif à l'objet de son voyage. Après un séjour de peu de durée, il partit pour Smyrne, muni de firmans du Grand-Seigneur et de lettres de recommandation de M. de Choiseul-Gouffier pour les commandans Turcs et les consuls de France dans tous les lieux de l'Asie mineure et de la Grèce où il lui plairoit d'aborder. De Smyrne il se rendit à Naxos, d'où il fit des excursions dans les autres îles de l'Archipel, pour examiner les ruines des villes et des monumens antiques, et fouiller dans les bibliothèques des monastères. Celles des couvens de Patmos, d'Amorgos et de Metelin, attirèrent particulièrement son attention, parce qu'étant plus considérables, elles lui présentoient plus d'espoir d'y faire quelque découverte intéressante; mais, ses recherches ayant été infructueuses, et n'en ayant plus à faire dans l'Archipel, il s'embarqua pour le mont Athos, dont il étoit persuadé que les nombreux monastères le dédommageroient de la stérilité de ceux qu'il avoit visités jusqu'alors. Il reçut l'accueil le plus hospitalier dans les différentes maisons religieuses auxquelles appartient le territoire, et qui, indépendantes les unes des autres, forment ensemble une espèce de république fédérative; d'où sont sévèrement exclues jusqu'aux femelles des animaux, et à laquelle on peut appliquer ce que Pline dit des Thérapeutes : « Nation éternelle, dans laquelle personne ne naît » *[Gens æterna, in qua nemo nascitur]*. Les bibliothèques de tous les monastères lui furent ouvertes, et il les visita avec le plus grand soin : mais, soit qu'il manquât, ainsi que plusieurs personnes l'ont pensé, de la réserve, de la gravité, de l'adresse nécessaires pour gagner la confiance de ces solitaires, qui ne voient jamais sans quelque inquiétude un homme du rit Latin au milieu d'eux, soit qu'ils n'eussent réellement que des livres ascétiques et théologiques, M. de Villoison n'en trouva point d'autres; et après avoir employé environ un mois à ces pénibles et inutiles recherches, il se rendit à Salonique, d'où il fit voile pour Athènes.

On conçoit sans peine les sentimens divers dont il dut être agité en voyant les superbes et déplorables restes des monumens de cet antique berceau des arts, dont le goût même des arts, rivalisant avec le temps et la barbarie, s'efforce aujourd'hui de combler la destruction pour s'en approprier les précieux débris; quels souvenirs et quelles pensées durent se réveiller dans son esprit en parcourant les champs célèbres de Marathon, la plaine de Rharia si respectée par les initiés aux mystères de Cérès, les monts Hymette et Pentélique, les bords du Céphise; en contemplant les ruines de Corinthe et d'Argos ; en foulant le sol sur lequel fut Sparte, dont il ne reste que de légers vestiges, auxquels on reconnoît à peine l'emplacement de cette cité fameuse qui occupe tant de place dans l'histoire. M. de Villoison se consola de n'y rencontrer aucun des principaux objets de ses recherches, en retrouvant chez les Tzaconiens, qui habitent ce pays et qui descendent des anciens Spartiates, la langue Dorique, qu'ils parlent encore aujourd'hui dans presque toute sa pureté. Il avoit l'intention d'aller chez les Maniotes, qui prétendent avoir la même origine : mais ce qu'il savoit déjà et ce qu'il apprit en Laconie de leurs mœurs sauvages et inhospitalières, l'empêcha de s'exposer à des dangers dont il ne pouvoit tirer que peu d'avantages ; et il ne songea plus qu'à revenir dans sa patrie et à faire part à l'Europe des richesses et des observations qu'il avoit recueillies.

De retour à Paris en 1787, il lut à l'Académie des belles-lettres un mémoire dans lequel il rend un compte sommaire de ses courses, de ses travaux et de ses découvertes, et dont l'objet spécial est de publier et d'expliquer les inscriptions qui ont échappé aux recherches des autres voyageurs, ou qu'ils ont données d'une manière incorrecte, parce qu'ils les ont mal lues et mal comprises. C'est un reproche que M. de Villoison fait à presque tous, à l'exception de Chishul et de Chandler; et certes personne n'étoit plus en état que lui, par l'étendue et la sûreté de ses connoissances grammaticales et paléographiques, d'apercevoir et de rectifier de pareilles erreurs. Ce mémoire, presque entièrement consacré aux inscriptions, devoit être suivi d'un grand nombre d'autres, dans lesquels il présenteroit tout ce qu'il avoit pu rassembler, tant dans son voyage que dans ses études, concernant l'histoire, la géographie, les édifices publics, les temples, les autels, les gymnases, les théâtres, les bains, les tombeaux, la navigation, le commerce, les institutions diverses, les cérémonies civiles et religieuses, les mœurs, les usages, le costume, les danses, les jeux, les festins, enfin les mots, les locutions, les proverbes des anciens Grecs, qui sont encore usités aujourd'hui, et sur-tout chez les habitans des îles. M. de Villoison, en annonçant ce vaste plan, qui embrassoit toute l'ancienne Grèce comparée à la Grèce moderne, avançoit que l'ouvrage, indépendamment de l'intérêt général dont il pourroit être, auroit le mérite particulier de répandre une grande lumière sur plus de six cents passages d'auteurs anciens, qu'on ne peut entendre sans la connoissance des lieux et sans celle des mœurs des habitans actuels. Mais, pour que rien ne fût omis dans cet ouvrage, et que l'exactitude y fût portée aussi loin qu'il est possible, M. de Villoison vouloit, avant de le livrer au public, avoir relu, avec l'attention la plus scrupuleuse, tous les auteurs Grecs et Latins qui nous restent, depuis la première ligne jusqu'à la dernière (1).

Cette entreprise immense auroit pu effrayer un savant moins intrépide ; elle n'étonnoit même pas M. de Villoison. Il alloit revoir ses anciens amis ; il ne pouvoit employer son temps d'une manière qui lui fût plus agréable. La révolution, qui a renversé tant de projets, vint au contraire favoriser et accélérer l'exécution du sien, que ralentissoient, malgré lui, une multitude de devoirs à remplir et les distractions sans

---

(1) *A capite ad calcem.* (Præf. in Homer. *p. 54.*)

nombre auxquelles on est exposé dans une grande ville où l'on a beaucoup de rapports. Le desir de s'éloigner du foyer des tempêtes, et le besoin de pourvoir à sa sûreté, le déterminèrent à se retirer à Orléans, où il espéroit pouvoir vivre ignoré et paisible, et se livrer sans relâche à la suite de ses travaux. Là, renfermé depuis le point du jour jusqu'à la nuit dans la bibliothèque publique, composée en partie des livres de deux hommes célèbres, Henri et Adrien de Valois, pour lesquels il avoit une grande estime, il acheva de lire, la plume à la main, tous les ouvrages de l'antiquité; puis il descendit à ceux du moyen âge, et même de temps beaucoup plus rapprochés de nous, et les mit pareillement à contribution. Il ne négligea ni les conciles, ni les Pères de l'Église, ni les recueils de lois, ni même les commentaires des jurisconsultes; et pour donner une idée de son infatigable courage, il suffira de dire qu'il relut quatre fois d'un bout à l'autre la grande et volumineuse collection de l'Histoire Byzantine.

Les fruits de ces prodigieuses lectures furent quinze énormes volumes *in-4.°* d'extraits et d'observations, dont la substance devoit entrer dans la relation de son voyage, afin de ne laisser aucun vide dans le tableau qu'il avoit l'intention de donner de l'état de la Grèce, depuis les temps les plus reculés jusqu'à sa dégradation complète, et même jusqu'à nos jours : et il avoit fait ce travail préparatoire avec un tel soin, qu'il assuroit avec confiance qu'il n'avoit omis de relever aucun fait, aucun usage, aucun mot digne de remarque; le nom d'aucune ville, d'aucun homme célèbre ou constitué en dignité, pas même celui d'un évêque connu seulement par la souscription de quelque concile. Le morceau qu'il a placé à la suite du Voyage dans la Troade par M. le Chevalier, quelques opuscules répandus dans divers ouvrages périodiques, et les divers mémoires qu'il a communiqués à l'Institut, dont il avoit été élu membre en l'an 9, ne permettent presque pas de douter de la vérité de cette assertion. Il s'occupa aussi, pendant sa retraite à Orléans, à préparer une nouvelle édition de la Paléographie Grecque du P. de Montfaucon, qu'il avoit depuis long-temps le dessein de donner au public avec une grande quantité d'additions, de corrections et de supplémens considérables; tâche extrêmement difficile, que lui seul peut-être en

France étoit capable de remplir dans toute son étendue (1).

Ces longues et différentes études lui avoient fait faire une multitude de nouvelles connoissances dont il étoit véritablement épris : il étoit curieux de l'entendre vanter, comme dignes de mémoire, des hommes et des événemens ensevelis jusqu'alors dans la plus profonde obscurité; c'étoient pour lui des espèces de conquêtes qu'il avoit faites sur le néant, et il en étoit plus fier qu'il n'auroit pu l'être d'avoir résolu quelque difficulté qui auroit résisté aux lumières et à la sagacité des plus habiles critiques.

Il revint à Paris, après les derniers orages de la révolution, avec son trésor : c'étoit presque le seul bien qui lui restât; les trois quarts de sa médiocre fortune avoient disparu; et pour y suppléer, il prit le parti d'ouvrir un cours public de langue Grecque. Des jeunes gens, des hommes dans la maturité de l'âge, François et étrangers, desirant de s'instruire, et attirés par

---

(1) Tous les manuscrits laissés par M. de Villoison ont été acquis par la Bibliothèque impériale, où l'on pourra toujours les consulter.

sa réputation, s'empressèrent de se ranger parmi ses auditeurs : mais M. de Villoison n'ayant pas l'habitude d'enseigner, il lui fut impossible de descendre jusqu'à ses disciples; et eux, semblables aux petits de l'aigle, qui, malgré ses exhortations, ne peuvent le suivre dans les plaines de l'air quand il s'élance vers le soleil, ils ne purent s'élever jusqu'à lui, et renoncèrent bientôt à des leçons trop savantes dont ils ne pouvoient retirer aucun fruit. Heureusement pour M. de Villoison que le Gouvernement venoit de créer une chaire de grec vulgaire dans l'École spéciale des langues Orientales, établie à la Bibliothèque impériale, et qu'il en fut pourvu aussitôt qu'il eut témoigné le desir de l'obtenir. Il en remplit les fonctions jusqu'au moment où l'Empereur la supprima, et où, pour donner à M. de Villoison une marque de la bienveillance dont il honore tous les genres de mérite, il créa pour lui, et, par une distinction unique, pour lui seul, une chaire de grec ancien et moderne au Collége de France.

Digne de succéder aux Danès, aux Turnèbe, aux Lambin, aux Cotelier, et autres savans qui ont illustré cet établissement, M. de Villoison alloit enfin occuper une place à laquelle il étoit appelé depuis long-temps par l'opinion publique ; il alloit jouir de toutes les richesses qu'il avoit amassées, et en faire jouir les autres en les répandant par l'enseignement et par l'impression ; il alloit être entouré d'élèves assez instruits pour l'entendre, et déjà capables, pour la plupart, d'être maîtres ; il alloit ranimer et propager le goût de cette belle langue, dont l'étude avoit été la passion constante de sa vie ; il alloit être heureux du bonheur du véritable homme de lettres, celui d'être utile aux hommes en les éclairant. Espérance trompeuse ! il ne lui étoit donné que de voir de loin la terre promise ; il ne devoit point y entrer. Une maladie qu'on regarda d'abord comme très-légère, et qui s'aggrava par degrés, le conduisit au tombeau après quelques mois de langueur, le 6 floréal an 13 [26 avril 1805].

L'érudition a perdu en lui un de ses plus fermes soutiens ; et l'Institut, un de ses membres les plus célèbres et les plus capables de contribuer à sa gloire. Personne peut-être n'a été plus savant : il possédoit à fond la langue Grecque ; il savoit tout ce qui a été écrit dans cette langue et sur cette langue; il connoissoit tous les changemens qu'elle a éprouvés pendant les vingt-quatre siècles qu'elle a été en usage, et toutes les acceptions diverses dans lesquelles les mots ont été employés par les différens auteurs, depuis Homère jusqu'à Chalcondyle ; et aucune difficulté grammaticale ne pouvoit l'embarrasser. Sa tête ressembloit à un immense dictionnaire, auprès duquel le Trésor de Henri Étienne pourroit ne paroître qu'un abregé succinct et incomplet.

S'il avoit été moins habile en grec, on remarqueroit qu'il savoit très-bien le latin ; que les ouvrages des grands écrivains de Rome lui étoient très-familiers; qu'il écrivoit leur langue avec facilité et correction, et qu'il a composé sur différens sujets une grande quantité de vers Latins, qui sont à-peu-près aussi bons que ceux de la plupart des poëtes Latins modernes. Il n'étoit pas moins versé dans la littérature Italienne : il connoissoit tous les bons ouvrages et tous les ouvrages d'érudition écrits dans cette langue; et il la parloit et l'écrivoit, sinon avec élégance, du moins avec pureté. Ce seroit se tromper que de croire que la littérature Françoise lui fût entièrement étrangère. Quoiqu'il n'en eût point fait une étude particulière, il y a peu de bons ouvrages écrits en notre langue, soit en vers, soit en prose, qui lui fussent inconnus. Il étoit toujours prêt à répondre aux questions qu'on vouloit lui faire sur les auteurs Grecs, et, en général, sur tout ce qui concerne la Grèce: souvent même il alloit au-devant; et il appuyoit son opinion d'une foule d'autorités, de textes, de citations, qui étonnoit autant qu'elle éclairoit. La nature l'avoit doué d'un esprit vif et pénétrant; mais sa mémoire, qui tenoit réellement du prodige, et qu'il avoit peut-être trop exercée, paroît avoir arrêté, jusqu'à un certain point, le développement de ses autres facultés intellectuelles, et les avoir empêchées de parvenir à une maturité parfaite. Insatiable de savoir, il n'avoit jamais trop de temps pour apprendre, et il en prenoit rarement assez pour penser et pour réfléchir : de là l'incohérence, les écarts, les digressions, le manque de mesure et d'ensemble qu'on remarque dans quelques-unes de ses compositions; de là encore l'inconséquence et la légèreté dans sa conduite et dans ses discours, dont il a quelquefois encouru le reproche. Mais ces imperfections, ou, si l'on veut, ces

(33)

défauts, doivent disparoître à l'éclat de ses grandes et utiles qualités : s'il est toujours resté jeune pour le jugement, pour le goût, pour le sentiment des convenances, il avoit plusieurs siècles, avec toute la vigueur de l'âge viril, pour l'érudition ; et les compagnies savantes devroient s'estimer heureuses d'avoir souvent des membres qui méritassent de pareils éloges et de pareilles critiques.

FIN.

IMPRIMÉ
Par les soins de J. J. MARCEL, Directeur général de l'Imprimerie impériale, Membre de la Légion d'honneur.

www.ingramcontent.com/pod-product-compliance
Lightning Source LLC
Chambersburg PA
CBHW061000050426
42453CB00009B/1214